Menú Para Diabéticos Tipo II

El Caserón de Libros

Published by El Caserón de Libros, 2024.

While every precaution has been taken in the preparation of this book, the publisher assumes no responsibility for errors or omissions, or for damages resulting from the use of the information contained herein.

MENÚ PARA DIABÉTICOS TIPO II

First edition. July 14, 2024.

Copyright © 2024 El Caserón de Libros.

ISBN: 979-8227592651

Written by El Caserón de Libros.

Tabla de Contenido

1. Ensalada de Soya y Vegetales

Ingredientes:

- 1 taza de granos de soya cocidos
- 1 pepino, en rodajas
- 1 tomate, en cubos
- 1/2 cebolla morada, en rodajas finas
- 1 aguacate, en cubos
- Jugo de 1 limón
- 2 cucharadas de aceite de oliva
- Sal y pimienta al gusto
- Hojas de cilantro fresco, picadas

Preparación:

1. En un tazón grande, mezcla los granos de soya, pepino, tomate, cebolla y aguacate.
2. En un recipiente pequeño, mezcla el jugo de limón con el aceite de oliva, sal y pimienta.
3. Vierte el aderezo sobre la ensalada y mezcla bien.
4. Espolvorea el cilantro picado antes de servir.

2. Soya Salteada con Verduras

Ingredientes:

- 1 taza de granos de soya cocidos
- 1 pimiento rojo, en tiras
- 1 zanahoria, en julianas
- 1 calabacín, en rodajas
- 1 diente de ajo, picado
- 2 cucharadas de salsa de soya baja en sodio
- 1 cucharada de aceite de sésamo
- Semillas de sésamo tostadas para decorar

Preparación:

1. En una sartén grande, calienta el aceite de sésamo a fuego medio.

1. Agrega el ajo picado y saltea hasta que esté fragante.
2. Añade el pimiento, zanahoria y calabacín, y saltea por unos 5 minutos.
3. Incorpora los granos de soya y la salsa de soya baja en sodio, y cocina por otros 3-4 minutos, mezclando bien.
4. Sirve caliente y espolvorea con semillas de sésamo tostadas.

3. Tacos de Soya

Ingredientes:

- 1 taza de proteína de soya texturizada
- 1 taza de agua caliente
- 1 cucharada de aceite de oliva
- 1 cebolla, picada
- 1 diente de ajo, picado
- 1 pimiento verde, en cubos
- 1 cucharada de comino en polvo
- 1 cucharada de pimentón
- Sal y pimienta al gusto
- Tortillas de maíz
- Pico de gallo y hojas de lechuga para acompañar

Preparación:

1. Rehidrata la proteína de soya texturizada en el agua caliente durante 10 minutos. Escurre bien y exprime el exceso de agua.

1. En una sartén, calienta el aceite de oliva y sofríe la cebolla y el ajo hasta que estén dorados.
2. Añade el pimiento verde y cocina por unos 3 minutos.
3. Incorpora la proteína de soya rehidratada, comino, pimentón, sal y pimienta. Cocina por unos 5-7 minutos, mezclando bien.
4. Calienta las tortillas de maíz y sirve la mezcla de soya en ellas.

5. Acompaña con pico de gallo y hojas de lechuga.

4. Ceviche de Soya

Ingredientes:

- 1 taza de granos de soya cocidos
- 1/2 taza de jugo de limón fresco
- 1 tomate, en cubos
- 1/2 pepino, en cubos
- 1/2 cebolla morada, en rodajas finas
- 1/2 pimiento rojo, en cubos
- 1/2 aguacate, en cubos
- 2 cucharadas de cilantro fresco, picado
- Sal y pimienta al gusto
- 1 jalapeño (opcional), picado

Preparación:

1. En un tazón grande, mezcla los granos de soya con el jugo de limón fresco. Deja marinar en el refrigerador por al menos 30 minutos.

1. Agrega el tomate, pepino, cebolla, pimiento rojo, aguacate y cilantro al tazón con la soya marinada.
2. Mezcla bien y sazona con sal y pimienta al gusto.
3. Si deseas un toque picante, añade el jalapeño picado.
4. Refrigera por 15 minutos adicionales antes de servir para que los sabores se mezclen bien.

5. Ceviche de Atún

Ingredientes:

- 200 g de atún fresco, en cubos pequeños
- 1/2 taza de jugo de limón fresco
- 1 tomate, en cubos
- 1/2 pepino, en cubos
- 1/2 cebolla morada, en rodajas finas
- 1/2 pimiento verde, en cubos
- 1/2 aguacate, en cubos
- 2 cucharadas de cilantro fresco, picado
- Sal y pimienta al gusto
- 1 jalapeño (opcional), picado

Preparación:

1. En un tazón grande, mezcla los cubos de atún con el jugo de limón fresco. Deja marinar en el refrigerador por al menos 30 minutos para que el atún se "cueza" en el jugo de limón.

1. Agrega el tomate, pepino, cebolla, pimiento verde, aguacate y cilantro al tazón con el atún marinado.
2. Mezcla bien y sazona con sal y pimienta al gusto.
3. Si deseas un toque picante, añade el jalapeño picado.
4. Refrigera por 15 minutos adicionales antes de servir para que los sabores se mezclen bien.

6. Ensalada de Quinoa con Verduras Asadas

Ingredientes:

- 1 taza de quinoa cocida
- 1 pimiento rojo, asado y en cubos
- 1 calabacín, asado y en rodajas
- 1 berenjena, asada y en cubos
- 1/2 taza de garbanzos cocidos
- Jugo de 1 limón
- 2 cucharadas de aceite de oliva
- Sal y pimienta al gusto
- Hojas de albahaca fresca, picadas

Preparación:

1. Mezcla la quinoa cocida con las verduras asadas y los garbanzos.

1. En un tazón pequeño, mezcla el jugo de limón, aceite de oliva, sal y pimienta.
2. Vierte el aderezo sobre la ensalada y mezcla bien.
3. Espolvorea con albahaca fresca antes de servir.

7. Pollo al Limón con Espárragos

Ingredientes:

- 2 pechugas de pollo
- 1 manojo de espárragos, cortados
- Jugo de 2 limones
- 2 cucharadas de aceite de oliva
- 2 dientes de ajo, picados
- Sal y pimienta al gusto

Preparación:

1. Sazona las pechugas de pollo con sal y pimienta.

1. En una sartén grande, calienta el aceite de oliva a fuego medio.
2. Cocina el pollo hasta que esté dorado y cocido por completo.
3. Agrega el ajo picado y los espárragos, y cocina por 5 minutos.
4. Vierte el jugo de limón sobre el pollo y los espárragos, cocina por 2 minutos más y sirve caliente.

8. Tacos de Pescado con Salsa de Mango

Ingredientes:

- 4 filetes de pescado blanco
- Jugo de 1 limón
- Sal y pimienta al gusto
- 8 tortillas de maíz
- 1 mango, en cubos
- 1/2 cebolla morada, picada
- 1 jalapeño, picado
- Hojas de cilantro fresco, picadas

Preparación:

1. Sazona los filetes de pescado con jugo de limón, sal y pimienta.

1. Cocina el pescado en una sartén antiadherente hasta que esté cocido.
2. Calienta las tortillas de maíz.
3. Mezcla el mango, cebolla, jalapeño y cilantro para hacer la salsa.
4. Sirve el pescado en las tortillas y agrega la salsa de mango por encima.

9. Ensalada de Espinacas con Fresas y Almendras

Ingredientes:

- 4 tazas de espinacas frescas
- 1 taza de fresas, en rodajas
- 1/4 taza de almendras laminadas
- 1/4 taza de queso feta desmenuzado
- 2 cucharadas de vinagre balsámico
- 2 cucharadas de aceite de oliva
- Sal y pimienta al gusto

Preparación:

1. Mezcla las espinacas, fresas, almendras y queso feta en un tazón grande.

1. En un recipiente pequeño, mezcla el vinagre balsámico, aceite de oliva, sal y pimienta.
2. Vierte el aderezo sobre la ensalada y mezcla bien.

10. Sopa de Lentejas y Vegetales

Ingredientes:

- 1 taza de lentejas
- 1 zanahoria, en rodajas
- 1 apio, en rodajas
- 1 cebolla, picada
- 2 dientes de ajo, picados
- 4 tazas de caldo de verduras
- 1 hoja de laurel
- 1 cucharadita de comino
- Sal y pimienta al gusto

Preparación:

1. En una olla grande, calienta un poco de aceite y sofríe la cebolla y el ajo.

1. Agrega la zanahoria, apio, lentejas, caldo de verduras, hoja de laurel y comino.
2. Cocina a fuego lento hasta que las lentejas estén tiernas.
3. Sazona con sal y pimienta al gusto antes de servir.

11. Omelette de Claras de Huevo con Espinacas y Champiñones

Ingredientes:

- 4 claras de huevo
- 1 taza de espinacas frescas
- 1/2 taza de champiñones, en rodajas
- 1/4 taza de queso bajo en grasa, rallado
- Sal y pimienta al gusto

Preparación:

1. Bate las claras de huevo con una pizca de sal y pimienta.

1. En una sartén antiadherente, cocina las espinacas y champiñones hasta que estén tiernos.
2. Vierte las claras de huevo batidas sobre las verduras.
3. Cocina hasta que las claras estén firmes y agrega el queso rallado antes de doblar el omelette.

12. Ensalada de Garbanzos con Pepino y Menta

Ingredientes:

- 1 taza de garbanzos cocidos
- 1 pepino, en cubos
- 1/4 taza de cebolla morada, picada
- 2 cucharadas de hojas de menta fresca, picadas
- Jugo de 1 limón
- 2 cucharadas de aceite de oliva
- Sal y pimienta al gusto

Preparación:

1. En un tazón grande, mezcla los garbanzos, pepino, cebolla morada y menta.

1. En un recipiente pequeño, mezcla el jugo de limón, aceite de oliva, sal y pimienta.
2. Vierte el aderezo sobre la ensalada y mezcla bien antes de servir.

13. Salmón al Horno con Broccolini

Ingredientes:

- 2 filetes de salmón
- 1 manojo de broccolini
- Jugo de 1 limón
- 2 cucharadas de aceite de oliva
- 2 dientes de ajo, picados
- Sal y pimienta al gusto

Preparación:

1. Precalienta el horno a 180°C (350°F).

1. Coloca los filetes de salmón en una bandeja para hornear.
2. En un tazón pequeño, mezcla el jugo de limón, aceite de oliva, ajo, sal y pimienta.
3. Vierte la mezcla sobre el salmón y el broccolini.
4. Hornea durante 20-25 minutos, o hasta que el salmón esté cocido y el broccolini tierno.

14. Wraps de Lechuga con Pollo y Vegetales

Ingredientes:

- 2 pechugas de pollo, cocidas y desmenuzadas
- 8 hojas de lechuga grandes
- 1 zanahoria, rallada
- 1 pepino, en tiras
- 1/4 taza de salsa de yogur (mezcla de yogur natural, limón y eneldo)
- Sal y pimienta al gusto

Preparación:

1. Coloca las hojas de lechuga en un plato y distribuye el pollo desmenuzado sobre ellas.

1. Agrega la zanahoria rallada y las tiras de pepino.
2. Rocía la salsa de yogur por encima.
3. Enrolla las hojas de lechuga para formar los wraps y sirve.

15. Batido Verde de Espinacas y Manzana

Ingredientes:

- 1 taza de espinacas frescas
- 1 manzana verde, en cubos
- 1/2 pepino, en rodajas
- Jugo de 1 limón
- 1 taza de agua de coco
- Hielo al gusto

Preparación:

1. Coloca todos los ingredientes en una licuadora.

1. Licúa hasta obtener una mezcla homogénea.
2. Sirve inmediatamente y disfruta.

16.- Quesadillas de Flor de Calabaza con Chorizo

Ingredientes:

- 1 taza de masa de maíz
- 1/4 taza de agua tibia (ajustar según sea necesario)
- 1 taza de flores de calabaza, lavadas y sin tallos
- 100 g de chorizo
- 1/2 cebolla, picada
- 2 dientes de ajo, picados
- 1 taza de queso Oaxaca o mozzarella, desmenuzado
- Sal al gusto
- Aceite vegetal, para cocinar

Preparación:

1. **Preparar la masa:**

○ En un tazón grande, mezcla la masa de maíz con agua tibia y una pizca de sal. Amasa hasta obtener una masa suave y homogénea. Si es necesario, ajusta la cantidad de agua para lograr la consistencia adecuada.

○ Divide la masa en bolas del tamaño de una pelota de golf y cúbrelas con un paño húmedo para que no se sequen.

1. **Cocinar el chorizo:**

° En una sartén grande, cocina el chorizo a fuego medio, desmenuzándolo con una cuchara de madera mientras se cocina. Cocina hasta que esté bien dorado y crujiente.

° Retira el chorizo de la sartén y déjalo escurrir en un plato con papel absorbente para eliminar el exceso de grasa.

1. **Preparar el relleno de flor de calabaza:**

° En la misma sartén, utilizando el aceite residual del chorizo, sofríe la cebolla picada y el ajo hasta que estén transparentes y fragantes.

° Añade las flores de calabaza y cocina por unos 3-4 minutos hasta que estén tiernas. Regresa el chorizo a la sartén y mezcla bien. Ajusta la sal si es necesario.

1. **Formar y cocinar las quesadillas:**

° Precalienta un comal o sartén grande a fuego medio-alto.

° Toma una bola de masa y aplánala entre dos hojas de plástico utilizando una prensa para tortillas o un rodillo, hasta que tenga el grosor de una tortilla.

° Coloca una porción del relleno de flor de calabaza y chorizo en el centro de la tortilla. Añade un poco de queso desmenuzado.

° Dobla la tortilla a la mitad para formar una quesadilla, presionando los bordes para sellarla.

° Cocina las quesadillas en el comal caliente, volteándolas ocasionalmente, hasta que estén doradas y crujientes por ambos lados, y el queso esté derretido.

1. **Servir:**

° Sirve las quesadillas calientes, acompañadas de salsa al gusto, guacamole o crema.

¡Disfruta de estas deliciosas quesadillas de flor de calabaza con chorizo!

17.- Crema de Calabaza

Ingredientes:

- 1 kg de calabaza, pelada y cortada en cubos

- 1 cebolla, picada

- 2 dientes de ajo, picados

- 2 zanahorias, peladas y cortadas en rodajas

- 1 papa, pelada y cortada en cubos

- 1 litro de caldo de verduras (puede ser casero o de cubo)

- 200 ml de crema o leche (puedes usar leche de coco para una versión vegana)

- 2 cucharadas de aceite de oliva

- Sal y pimienta al gusto

- Nuez moscada (opcional)

- Semillas de calabaza tostadas para decorar (opcional)

Preparación:

1. Preparar los vegetales:

° Pela y corta la calabaza, la cebolla, las zanahorias y la papa en trozos uniformes para que se cocinen de manera homogénea.

1. **Cocinar los vegetales:**

° En una olla grande, calienta el aceite de oliva a fuego medio.

° Añade la cebolla y el ajo picados, y sofríe hasta que estén transparentes y fragantes, unos 5 minutos.

° Agrega las zanahorias y la papa, y cocina por unos 5 minutos más, revolviendo ocasionalmente.

1. **Agregar la calabaza y el caldo:**

° Incorpora los cubos de calabaza a la olla y mezcla bien.

° Vierte el caldo de verduras hasta cubrir los vegetales. Si es necesario, agrega más caldo o agua.

° Lleva la mezcla a ebullición, luego reduce el fuego y deja hervir a fuego lento durante unos 20-25 minutos, o hasta que todos los vegetales estén tiernos.

1. **Hacer la crema:**

° Retira la olla del fuego y, utilizando una batidora de mano o licuadora, tritura los vegetales hasta obtener una mezcla homogénea y suave. Si prefieres una textura más fina, pasa la mezcla por un colador.

° Devuelve la crema a la olla y agrega la crema o leche (o leche de coco), mezclando bien.

° Cocina a fuego bajo durante unos 5 minutos más, sin dejar que hierva, para que todos los sabores se integren.

1. **Ajustar y servir:**

° Sazona con sal, pimienta y una pizca de nuez moscada al gusto.

° Sirve la crema caliente, decorada con semillas de calabaza tostadas si lo deseas.

Esta crema de calabaza es reconfortante y perfecta para cualquier época del año. ¡Espero que la disfrutes!

18.- Chorizo de Soya

Ingredientes:

- 1 taza de proteína de soya texturizada
- 2 tazas de agua caliente
- 2 cucharadas de aceite de oliva
- 1 cebolla pequeña, picada
- 2 dientes de ajo, picados
- 2 cucharadas de vinagre de manzana
- 1 cucharada de pimentón (paprika)
- 1 cucharadita de comino en polvo
- 1 cucharadita de orégano seco
- 1/2 cucharadita de clavo de olor molido
- 1/2 cucharadita de canela en polvo
- 1/2 cucharadita de pimienta negra molida
- 2 cucharadas de pasta de achiote (opcional, para color)
- 1/2 taza de caldo de verduras
- Sal al gusto

Preparación:

1. **Rehidratar la soya:**

° Coloca la proteína de soya texturizada en un tazón grande y cúbrela con las 2 tazas de agua caliente. Deja reposar durante unos 10-15 minutos, o hasta que la soya esté suave y rehidratada.

º Escurre la soya y exprímela para eliminar el exceso de agua. Reserva.

1. **Preparar la mezcla de especias:**

º En un tazón pequeño, mezcla el pimentón, comino, orégano, clavo, canela, pimienta negra y la pasta de achiote (si la estás usando). Reserva.

1. **Cocinar el chorizo de soya:**

º En una sartén grande, calienta el aceite de oliva a fuego medio.

º Añade la cebolla picada y sofríe hasta que esté transparente, aproximadamente 5 minutos.

º Agrega el ajo picado y cocina por 1-2 minutos más, hasta que esté fragante.

º Incorpora la soya rehidratada y mezcla bien.

º Añade la mezcla de especias y el vinagre de manzana a la sartén. Cocina, revolviendo constantemente, hasta que todas las especias estén bien integradas y la soya esté bien sazonada.

º Vierte el caldo de verduras en la sartén y cocina a fuego medio-bajo durante unos 10 minutos, o hasta que la mayor parte del líquido se haya evaporado y la mezcla esté bien cocida.

º Ajusta la sal al gusto.

1. **Servir:**

○ Puedes utilizar el chorizo de soya en tacos, burritos, quesadillas, o como acompañamiento de tus platos favoritos.

Este chorizo de soya es versátil y se puede utilizar en una variedad de recetas. ¡Espero que lo disfrutes!

19.-Arroz de Coliflor

Ingredientes:

- 1 cabeza de coliflor
- 2 cucharadas de aceite de oliva o aceite de coco
- 1 cebolla pequeña, picada
- 2 dientes de ajo, picados
- Sal y pimienta al gusto
- Perejil fresco picado para decorar (opcional)
- Jugo de limón (opcional)

Preparación:

1. **Preparar la coliflor:**

° Retira las hojas y el tallo de la coliflor.

° Corta la coliflor en floretes pequeños.

° Coloca los floretes de coliflor en un procesador de alimentos y pulsa varias veces hasta que la coliflor tenga la textura de granos de arroz. Puedes hacer esto en tandas si es necesario. Si no tienes un procesador de alimentos, también puedes rallar la coliflor con un rallador de queso.

1. **Cocinar el arroz de coliflor:**

º En una sartén grande, calienta el aceite de oliva o de coco a fuego medio.

º Agrega la cebolla picada y sofríe hasta que esté transparente, aproximadamente 5 minutos.

º Añade el ajo picado y cocina por 1-2 minutos más, hasta que esté fragante.

º Incorpora la coliflor procesada a la sartén y mezcla bien.

º Cocina, revolviendo ocasionalmente, durante unos 5-8 minutos, o hasta que la coliflor esté tierna pero aún tenga un poco de mordida. No la cocines demasiado para evitar que se vuelva blanda.

º Sazona con sal y pimienta al gusto.

1. **Servir:**

º Si lo deseas, añade un poco de jugo de limón para darle un toque de frescura.

º Decora con perejil fresco picado antes de servir.

Variaciones Opcionales:

Arroz de Coliflor con Verduras:

- Añade verduras picadas como pimientos, zanahorias, guisantes o espinacas junto con la cebolla y el ajo.

Arroz de Coliflor con Hierbas y Limón:

- Añade hierbas frescas como cilantro o albahaca y un poco de ralladura de limón para un sabor más fresco.

Arroz de Coliflor al Curry:

- Añade 1 cucharadita de polvo de curry junto con la coliflor para un toque especiado.

Este arroz de coliflor es una excelente opción baja en carbohidratos y rica en nutrientes. ¡Espero que lo disfrutes!

20.- Rollos de Pescado

Ingredientes:

- 4 filetes de pescado blanco (merluza, lenguado, tilapia, etc.)
- 1 zanahoria, cortada en tiras finas
- 1 calabacín, cortado en tiras finas
- 1 pimiento rojo, cortado en tiras finas
- 1 limón, en rodajas finas
- 2 cucharadas de aceite de oliva
- 1/2 taza de vino blanco (opcional)
- Sal y pimienta al gusto
- Perejil fresco picado para decorar

Preparación:

1. **Preparar los ingredientes:**

° Precalienta el horno a 180°C (350°F).

° Lava y corta la zanahoria, el calabacín y el pimiento rojo en tiras finas.

° Lava y corta el limón en rodajas finas.

1. **Montar los rollos de pescado:**

º Coloca un filete de pescado sobre una superficie plana y sazona con sal y pimienta al gusto.

º Coloca unas tiras de zanahoria, calabacín y pimiento rojo en un extremo del filete.

º Enrolla el filete de pescado cuidadosamente alrededor de las verduras y asegúralo con un palillo de dientes si es necesario.

º Repite el proceso con los demás filetes de pescado.

1. **Cocinar los rollos de pescado:**

º Coloca los rollos de pescado en una bandeja para hornear previamente engrasada con un poco de aceite de oliva.

º Coloca las rodajas de limón sobre los rollos de pescado.

º Rocía los rollos con el aceite de oliva restante y, si lo deseas, añade el vino blanco a la bandeja para añadir sabor y humedad.

º Cubre la bandeja con papel aluminio y hornea durante 20-25 minutos, o hasta que el pescado esté completamente cocido y las verduras estén tiernas.

º Retira el papel aluminio durante los últimos 5 minutos de cocción para que los rollos se doren ligeramente.

1. **Servir:**

º Retira los rollos de pescado del horno y colócalos en un plato.

° Decora con perejil fresco picado antes de servir.

21.- Albóndigas de Carne Molida y Soya

Ingredientes:

- 250 g de carne molida (res, cerdo o una mezcla)
- 1 taza de proteína de soya texturizada
- 2 tazas de agua caliente
- 1 huevo
- 1/2 taza de pan rallado
- 1/2 cebolla, finamente picada
- 2 dientes de ajo, finamente picados
- 1/4 taza de perejil fresco, picado
- 1 cucharadita de comino en polvo
- 1 cucharadita de pimentón (paprika)
- 1/2 cucharadita de orégano seco
- Sal y pimienta al gusto
- Aceite vegetal para freír

Preparación:

1. **Rehidratar la soya:**

° Coloca la proteína de soya texturizada en un tazón grande y cúbrela con las 2 tazas de agua caliente. Deja reposar durante unos 10-15 minutos, o hasta que la soya esté suave y rehidratada.

◦ Escurre la soya y exprímela para eliminar el exceso de agua. Reserva.

1. **Preparar la mezcla de albóndigas:**

◦ En un tazón grande, mezcla la carne molida, la soya rehidratada, el huevo, el pan rallado, la cebolla, el ajo y el perejil.

◦ Añade el comino, el pimentón, el orégano, la sal y la pimienta. Mezcla bien hasta que todos los ingredientes estén bien integrados.

1. **Formar las albóndigas:**

◦ Con las manos ligeramente humedecidas, forma pequeñas bolas de la mezcla, del tamaño de una nuez. Colócalas en una bandeja o plato.

1. **Cocinar las albóndigas:**

◦ En una sartén grande, calienta suficiente aceite vegetal a fuego medio-alto.

◦ Fríe las albóndigas en tandas, girándolas ocasionalmente, hasta que estén doradas por todos lados y bien cocidas en el centro, aproximadamente 8-10 minutos. Asegúrate de no sobrecargar la sartén.

◦ Una vez cocidas, colócalas sobre papel absorbente para eliminar el exceso de aceite.

1. **Servir:**

◦ Puedes servir las albóndigas con salsa de tomate casera, sobre pasta, arroz o como aperitivo acompañado de tu salsa favorita.

◦ Puedes servir las albóndigas con salsa de tomate casera, sobre pasta, arroz o como aperitivo acompañado de tu salsa favorita.

Salsa de Tomate para Acompañar (Opcional):

Ingredientes:

- 1 lata (400 g) de tomate triturado
- 1 cebolla pequeña, finamente picada
- 2 dientes de ajo, picados
- 1 cucharada de aceite de oliva
- 1 cucharadita de azúcar (opcional)
- Sal y pimienta al gusto
- Hojas de albahaca fresca (opcional)

Preparación:

1. En una sartén mediana, calienta el aceite de oliva a fuego medio.

1. Añade la cebolla y sofríe hasta que esté transparente, aproximadamente 5 minutos.
2. Agrega el ajo picado y cocina por 1-2 minutos más.
3. Vierte el tomate triturado y mezcla bien.
4. Añade el azúcar, sal y pimienta al gusto. Cocina a fuego lento durante 15-20 minutos, removiendo ocasionalmente.
5. Añade las hojas de albahaca fresca justo antes de servir para un toque extra de sabor.

¡Disfruta de estas deliciosas albóndigas de carne molida y soya!

22.- Calabaza con Tomatillo

Ingredientes:

- 2 calabazas (calabacín o zucchini), cortadas en cubos
- 10-12 tomatillos, pelados y enjuagados
- 1 cebolla, picada
- 2 dientes de ajo, picados
- 1 jalapeño (opcional), picado
- 1/4 taza de cilantro fresco, picado
- 2 cucharadas de aceite de oliva
- Sal y pimienta al gusto
- 1/2 taza de caldo de pollo o verduras (opcional)
- 1 cucharadita de comino en polvo (opcional)
- 1 cucharadita de orégano seco (opcional)

Preparación:

1. **Preparar los tomatillos:**

○ Corta los tomatillos en mitades o cuartos, según su tamaño.

1. **Sofreír las verduras:**

○ En una sartén grande, calienta el aceite de oliva a fuego medio.

° Añade la cebolla y sofríe hasta que esté transparente, aproximadamente 5 minutos.

° Agrega el ajo y el jalapeño (si lo usas), y cocina por 1-2 minutos más, hasta que estén fragantes.

1. **Cocinar los tomatillos:**

° Añade los tomatillos a la sartén y cocina durante unos 5-7 minutos, o hasta que comiencen a descomponerse y liberar sus jugos.

1. **Añadir la calabaza:**

° Incorpora los cubos de calabaza a la sartén, mezclando bien.

° Si deseas, añade el caldo de pollo o verduras para evitar que la mezcla se seque y ayudar a cocinar las verduras. Esto también añadirá sabor.

° Sazona con sal, pimienta, comino y orégano (si los usas).

1. **Cocinar a fuego lento:**

° Reduce el fuego a medio-bajo y cocina durante unos 10-15 minutos, o hasta que la calabaza esté tierna pero aún firme. Remueve ocasionalmente para asegurarte de que las verduras se cocinen de manera uniforme.

1. **Añadir el cilantro:**

° Justo antes de servir, agrega el cilantro fresco picado y mezcla bien.

1. Servir:

° Sirve caliente, como acompañamiento o como plato principal. Esta receta combina bien con arroz, frijoles o tortillas.

23.- Pollo en Mole Verde

Ingredientes:
Para el mole verde:

- 1 taza de pepitas (semillas de calabaza) tostadas
- 1 taza de hojas de cilantro frescas
- 1 taza de hojas de espinaca frescas
- 4 tomatillos, pelados y lavados
- 2 chiles poblanos, asados, pelados y sin semillas
- 2 chiles serranos, sin semillas (opcional para ajustar el picante)
- 1 diente de ajo
- 1/2 cebolla blanca
- 1 taza de caldo de pollo
- Sal al gusto

Para el pollo:

- 6 piezas de pollo (muslos, pechugas, o una combinación)
- Sal y pimienta al gusto
- 1 hoja de laurel
- 1/2 cebolla
- 2 dientes de ajo
- Agua suficiente para cocinar el pollo

Instrucciones:

1. **Preparación del pollo:**

° En una olla grande, agrega el pollo, la hoja de laurel, la cebolla, los ajos y suficiente agua para cubrir el pollo.

° Lleva a ebullición y luego reduce el fuego. Cocina a fuego lento durante unos 25-30 minutos o hasta que el pollo esté cocido.

° Saca el pollo de la olla y reserva el caldo.

1. **Preparación del mole verde:**

° En una sartén a fuego medio, tuesta las pepitas hasta que estén ligeramente doradas y comiencen a reventar. Reserva.

° En una licuadora, agrega las pepitas tostadas, el cilantro, la espinaca, los tomatillos, los chiles poblanos, los chiles serranos, el ajo, la cebolla y el caldo de pollo.

° Licúa hasta obtener una mezcla suave. Si es necesario, agrega más caldo para obtener la consistencia deseada.

° En una olla grande, calienta un poco de aceite a fuego medio. Vierte la mezcla de mole verde y cocina durante unos 15-20 minutos, revolviendo ocasionalmente, hasta que espese ligeramente y los sabores se mezclen. Ajusta de sal al gusto.

1. **Combinación final:**

° Agrega las piezas de pollo cocido al mole verde. Cocina a fuego lento durante unos 10 minutos para que el pollo absorba los sabores del mole.

° Si es necesario, agrega un poco del caldo de pollo reservado para ajustar la consistencia del mole.

Servir:
Sirve el pollo en mole verde acompañado de arroz blanco, tortillas de maíz y frijoles refritos. Decora con hojas de cilantro frescas y rodajas de rábano si lo deseas.

24.- Sopa de Frijol

Ingredientes:

- 2 tazas de frijoles negros cocidos (o 1 lata de frijoles negros)
- 1 cebolla, picada
- 2 dientes de ajo, picados
- 1 pimiento rojo, picado
- 1 zanahoria, picada
- 1 tallo de apio, picado
- 4 tazas de caldo de pollo o verduras
- 1 cucharadita de comino en polvo
- 1 cucharadita de pimentón (paprika)
- Sal y pimienta al gusto
- 2 cucharadas de aceite de oliva
- Cilantro fresco para decorar (opcional)
- Rodajas de limón para servir (opcional)

Preparación:

1. En una olla grande, calienta el aceite de oliva a fuego medio.

1. Añade la cebolla, el ajo, el pimiento, la zanahoria y el apio. Cocina hasta que las verduras estén tiernas, unos 10 minutos.
2. Agrega los frijoles, el caldo, el comino, el pimentón, la sal y la pimienta.
3. Lleva a ebullición, luego reduce el fuego y deja hervir a fuego

lento durante 20 minutos.

4. Tritura parte de la sopa con una batidora de mano o licuadora para obtener una textura cremosa.

5. Sirve caliente, decorada con cilantro y rodajas de limón.

25.- Torta de Elote con Soya

Ingredientes:

- 1 taza de granos de elote (maíz) cocidos
- 1 taza de proteína de soya texturizada, rehidratada y escurrida
- 1/2 taza de queso fresco desmenuzado
- 1/2 taza de pan rallado
- 1/4 taza de cebolla picada
- 2 huevos
- Sal y pimienta al gusto
- Aceite para freír

Preparación:

1. En un tazón grande, mezcla los granos de elote, la soya, el queso, el pan rallado, la cebolla y los huevos. Sazona con sal y pimienta.

1. Forma tortitas con la mezcla.
2. En una sartén, calienta el aceite a fuego medio y fríe las tortitas hasta que estén doradas por ambos lados.
3. Sirve caliente.

26.- Repollo con Soya

Ingredientes:

- 1 repollo mediano, picado
- 1 taza de proteína de soya texturizada, rehidratada y escurrida
- 1 cebolla, picada
- 2 dientes de ajo, picados
- 2 tomates, picados
- 2 cucharadas de aceite de oliva
- Sal y pimienta al gusto

Preparación:

1. En una sartén grande, calienta el aceite de oliva a fuego medio.

1. Añade la cebolla y el ajo, y sofríe hasta que estén transparentes.
2. Agrega la soya y cocina por unos 5 minutos.
3. Añade el repollo y los tomates. Cocina hasta que el repollo esté tierno, unos 10-15 minutos.
4. Sazona con sal y pimienta al gusto.

27.- Ensalada de Frijol Negro con Verduras

Ingredientes:

- 2 tazas de frijoles negros cocidos (o 1 lata de frijoles negros)
- 1 pimiento rojo, picado
- 1 pimiento amarillo, picado
- 1 pepino, picado
- 1/2 cebolla roja, picada
- 1 taza de maíz cocido
- 1/4 taza de cilantro fresco, picado
- Jugo de 1 limón
- 2 cucharadas de aceite de oliva
- Sal y pimienta al gusto

Preparación:

1. En un tazón grande, mezcla todos los ingredientes.

1. Sazona con sal y pimienta al gusto.
2. Sirve fría o a temperatura ambiente.

28.- Tamales de Verduras y Queso en Hojas de Repollo

Ingredientes:

- 12 hojas grandes de repollo
- 2 tazas de masa de maíz
- 1 taza de verduras picadas (zanahorias, calabacín, maíz, etc.)
- 1 taza de queso fresco desmenuzado
- 1/2 taza de caldo de verduras
- Sal y pimienta al gusto

Preparación:

1. Blanquea las hojas de repollo en agua hirviendo durante 2-3 minutos. Escúrrelas y déjalas enfriar.

1. Mezcla la masa de maíz con el caldo de verduras hasta obtener una textura suave.
2. Añade las verduras y el queso a la masa. Sazona con sal y pimienta.
3. Coloca una porción de la mezcla en el centro de cada hoja de repollo. Envuelve como un tamal y asegura con hilo de cocina.
4. Cocina al vapor durante 30-40 minutos.
5. Sirve caliente.

29.- Pollo con Vegetales Estilo Chino

Ingredientes:

- 2 pechugas de pollo, cortadas en tiras
- 1 pimiento rojo, cortado en tiras
- 1 brócoli, cortado en floretes
- 1 zanahoria, cortada en tiras
- 2 dientes de ajo, picados
- 2 cucharadas de salsa de soya baja en sodio
- 1 cucharada de aceite de sésamo
- 1 cucharada de aceite vegetal
- Sal y pimienta al gusto

Preparación:

1. En una sartén grande o wok, calienta el aceite vegetal a fuego medio-alto.

1. Añade el pollo y cocina hasta que esté dorado y cocido.
2. Retira el pollo de la sartén y reserva.
3. Añade el aceite de sésamo, el ajo y las verduras. Saltea hasta que estén tiernas pero crujientes.
4. Vuelve a añadir el pollo a la sartén y añade la salsa de soya. Cocina por unos minutos más.
5. Sazona con sal y pimienta al gusto y sirve caliente.

30.- Mini Hamburguesas de Calabacita

Ingredientes:

- 2 calabacitas medianas, ralladas
- 1 huevo
- 1/2 taza de pan rallado
- 1/4 taza de cebolla picada
- 1/4 taza de queso parmesano rallado
- Sal y pimienta al gusto
- Aceite para freír

Preparación:

1. En un tazón grande, mezcla la calabacita rallada con el huevo, el pan rallado, la cebolla y el queso parmesano. Sazona con sal y pimienta.

1. Forma pequeñas hamburguesas con la mezcla.
2. En una sartén, calienta el aceite a fuego medio y fríe las hamburguesas hasta que estén doradas por ambos lados.
3. Sirve caliente, con tus acompañamientos favoritos.

31.- Gelatina Mosaico Light

Ingredientes:

- 3 paquetes de gelatina sin azúcar de diferentes sabores (fresa, limón, uva, etc.)

- 1 paquete de gelatina sin sabor

- 1 taza de agua caliente

- 1 taza de agua fría

- 1 taza de leche descremada

- 1/2 taza de yogurt natural sin azúcar

Preparación:

1. Prepara las gelatinas de sabores según las instrucciones del paquete. Déjalas enfriar y cuajar en moldes separados.

1. Una vez cuajadas, corta las gelatinas en cubos pequeños.
2. En un tazón grande, disuelve la gelatina sin sabor en 1 taza de agua caliente. Añade la leche y el yogurt, y mezcla bien.
3. Añade los cubos de gelatina a la mezcla y revuelve suavemente.
4. Vierte la mezcla en un molde grande y refrigera hasta que

cuaje por completo.

5. Sirve fría.

32.- Tacos de Soya con Salsa de Aguacate

Ingredientes:

- 1 taza de proteína de soya texturizada, rehidratada y escurrida
- 1 cebolla, picada
- 2 dientes de ajo, picados
- 1 pimiento rojo, picado
- 1 cucharadita de comino en polvo
- 1 cucharadita de pimentón (paprika)
- Sal y pimienta al gusto
- Tortillas de maíz

Salsa de Aguacate:

- 2 aguacates maduros
- Jugo de 1 limón
- 1/4 taza de cilantro fresco, picado
- 1 diente de ajo, picado
- Sal al gusto

Preparación:

1. En una sartén, calienta un poco de aceite y sofríe la cebolla, el ajo y el pimiento hasta que estén tiernos.

1. Añade la soya rehidratada y sazona con comino, pimentón,

sal y pimienta. Cocina por unos 5 minutos.

2. Para la salsa de aguacate, mezcla todos los ingredientes en una licuadora hasta obtener una mezcla suave.

3. Sirve la mezcla de soya en las tortillas y añade la salsa de aguacate por encima.

33.- Crema de Espinacas

Ingredientes:

- 500 g de espinacas frescas
- 1 cebolla, picada
- 2 dientes de ajo, picados
- 1 papa mediana, pelada y cortada en cubos
- 4 tazas de caldo de pollo o verduras
- 1/2 taza de leche descremada o leche de almendras
- Sal y pimienta al gusto

Preparación:

1. En una olla grande, calienta un poco de aceite y sofríe la cebolla y el ajo hasta que estén tiernos.

1. Añade la papa y el caldo. Cocina hasta que la papa esté suave, unos 15 minutos.
2. Añade las espinacas y cocina por otros 5 minutos.
3. Transfiere la mezcla a una licuadora y licúa hasta obtener una crema suave.
4. Vuelve a poner la crema en la olla, añade la leche y calienta hasta que esté caliente pero no hirviendo. Sazona con sal y pimienta al gusto.

34.- Sopa de Repollo con Soya

Ingredientes:

- 1 repollo mediano, picado
- 1 taza de proteína de soya texturizada, rehidratada y escurrida
- 1 cebolla, picada
- 2 dientes de ajo, picados
- 2 zanahorias, picadas
- 4 tazas de caldo de verduras
- 1 cucharadita de comino en polvo
- Sal y pimienta al gusto

Preparación:

1. En una olla grande, calienta un poco de aceite y sofríe la cebolla y el ajo hasta que estén tiernos.

1. Añade la zanahoria y cocina por unos 5 minutos.
2. Agrega el repollo, la soya, el caldo y el comino. Cocina a fuego lento durante 20-30 minutos, o hasta que las verduras estén tiernas.
3. Sazona con sal y pimienta al gusto.

35.- Caldo de Verduras con Soya

Ingredientes:

- 1 taza de proteína de soya texturizada, rehidratada y escurrida
- 2 zanahorias, picadas
- 2 papas, picadas
- 1 calabacín, picado
- 1 cebolla, picada
- 2 dientes de ajo, picados
- 4 tazas de caldo de verduras
- Sal y pimienta al gusto
- Cilantro fresco para decorar (opcional)

Preparación:

1. En una olla grande, calienta un poco de aceite y sofríe la cebolla y el ajo hasta que estén tiernos.

1. Añade las zanahorias y las papas y cocina por unos 5 minutos.
2. Agrega el caldo, la soya y el calabacín. Cocina a fuego lento durante 20-30 minutos, o hasta que las verduras estén tiernas.
3. Sazona con sal y pimienta al gusto y decora con cilantro fresco si lo deseas.

36.- Lentejas con Soya

Ingredientes:

- 1 taza de lentejas, enjuagadas
- 1 taza de proteína de soya texturizada, rehidratada y escurrida
- 1 cebolla, picada
- 2 dientes de ajo, picados
- 2 zanahorias, picadas
- 4 tazas de caldo de verduras
- 1 hoja de laurel
- Sal y pimienta al gusto

Preparación:

1. En una olla grande, calienta un poco de aceite y sofríe la cebolla y el ajo hasta que estén tiernos.

1. Añade las zanahorias y cocina por unos 5 minutos.
2. Agrega las lentejas, la soya, el caldo y la hoja de laurel. Cocina a fuego lento durante 30-40 minutos, o hasta que las lentejas estén tiernas.
3. Sazona con sal y pimienta al gusto.

37.- Ensalada de Ejotes con Soya

Ingredientes:

- 2 tazas de ejotes (judías verdes), cocidos y cortados
- 1 taza de proteína de soya texturizada, rehidratada y escurrida
- 1 pimiento rojo, picado
- 1/2 cebolla roja, picada
- 1/4 taza de vinagre balsámico
- 2 cucharadas de aceite de oliva
- Sal y pimienta al gusto

Preparación:

1. En un tazón grande, mezcla los ejotes, la soya, el pimiento y la cebolla.

1. En otro tazón, mezcla el vinagre balsámico, el aceite de oliva, la sal y la pimienta.
2. Vierte el aderezo sobre la ensalada y mezcla bien.
3. Sirve fría.

38.- Ensalada Agridulce de Betabel

Ingredientes:

- 2 betabeles (remolachas), cocidos y cortados en cubos
- 1 manzana verde, cortada en cubos
- 1/4 taza de nueces, picadas
- 2 cucharadas de jugo de limón
- 2 cucharadas de aceite de oliva
- Sal y pimienta al gusto

Preparación:

1. En un tazón grande, mezcla el betabel, la manzana y las nueces.

1. En otro tazón, mezcla el jugo de limón, el aceite de oliva, la sal y la pimienta.
2. Vierte el aderezo sobre la ensalada y mezcla bien.
3. Sirve fría.

39.- Ensalada de Lechuga

Ingredientes:

- 1 lechuga romana, picada
- 1 pepino, cortado en rodajas
- 1 tomate, cortado en gajos
- 1/4 taza de aceitunas negras, rebanadas
- 2 cucharadas de aceite de oliva
- 1 cucharada de vinagre de vino tinto
- Sal y pimienta al gusto

Preparación:

1. En un tazón grande, mezcla la lechuga, el pepino, el tomate y las aceitunas.

1. En otro tazón, mezcla el aceite de oliva, el vinagre, la sal y la pimienta.
2. Vierte el aderezo sobre la ensalada y mezcla bien.
3. Sirve fría.

40.- Ensalada de Nopales

Ingredientes:

- 2 tazas de nopales, cocidos y cortados en tiras
- 1 tomate, picado
- 1/2 cebolla, picada
- 1/4 taza de cilantro fresco, picado
- Jugo de 1 limón
- Sal y pimienta al gusto

Preparación:

1. En un tazón grande, mezcla los nopales, el tomate, la cebolla y el cilantro.

1. Añade el jugo de limón, la sal y la pimienta. Mezcla bien.
2. Sirve fría.

41.- Ensalada de Pollo

Ingredientes:

- 2 pechugas de pollo, cocidas y desmenuzadas
- 1 apio, picado
- 1 manzana verde, cortada en cubos
- 1/4 taza de nueces, picadas
- 2 cucharadas de mayonesa light
- Sal y pimienta al gusto

Preparación:

1. En un tazón grande, mezcla el pollo, el apio, la manzana y las nueces.

1. Añade la mayonesa, la sal y la pimienta. Mezcla bien.
2. Sirve fría.

42.- Ensalada de Lentejas

Ingredientes:

- 2 tazas de lentejas cocidas
- 1 pimiento rojo, picado
- 1 pepino, picado
- 1/2 cebolla roja, picada
- 1/4 taza de cilantro fresco, picado
- Jugo de 1 limón
- 2 cucharadas de aceite de oliva
- Sal y pimienta al gusto

Preparación:

1. En un tazón grande, mezcla las lentejas, el pimiento, el pepino, la cebolla y el cilantro.

1. Añade el jugo de limón, el aceite de oliva, la sal y la pimienta. Mezcla bien.
2. Sirve fría.

43.- Ensalada de Soya

Ingredientes:

- 2 tazas de proteína de soya texturizada, rehidratada y escurrida
- 1 pimiento rojo, picado
- 1 zanahoria, rallada
- 1/4 taza de cebolla picada
- 2 cucharadas de salsa de soya baja en sodio
- 1 cucharada de vinagre de arroz
- 1 cucharada de aceite de sésamo
- Sal y pimienta al gusto

Preparación:

1. En un tazón grande, mezcla la soya, el pimiento, la zanahoria y la cebolla.

1. En otro tazón, mezcla la salsa de soya, el vinagre de arroz, el aceite de sésamo, la sal y la pimienta.
2. Vierte el aderezo sobre la ensalada y mezcla bien.
3. Sirve fría.

44.- Empanadas de Atún y Soya

Ingredientes:

- 2 latas de atún, escurridas
- 1 taza de proteína de soya texturizada, rehidratada y escurrida
- 1/4 taza de cebolla picada
- 1/4 taza de pimiento rojo picado
- 2 cucharadas de salsa de tomate
- Masa para empanadas
- Sal y pimienta al gusto

Preparación:

1. En un tazón, mezcla el atún, la soya, la cebolla, el pimiento y la salsa de tomate. Sazona con sal y pimienta.

1. Rellena la masa para empanadas con la mezcla de atún y soya.
2. Cierra las empanadas y sella los bordes con un tenedor.
3. Hornea a 180°C durante 20-25 minutos, o hasta que estén doradas.

45.- Croquetas de Atún y Soya

Ingredientes:

- 2 latas de atún, escurridas
- 1 taza de proteína de soya texturizada, rehidratada y escurrida
- 1/4 taza de cebolla picada
- 1 huevo
- 1/2 taza de pan rallado
- Sal y pimienta al gusto
- Aceite para freír

Preparación:

1. En un tazón, mezcla el atún, la soya, la cebolla, el huevo, el pan rallado, la sal y la pimienta.

1. Forma croquetas con la mezcla.
2. En una sartén, calienta el aceite a fuego medio y fríe las croquetas hasta que estén doradas por ambos lados.
3. Sirve caliente.

46.- Rollo de Carne y Soya

Ingredientes:

- 500 g de carne molida
- 1 taza de proteína de soya texturizada, rehidratada y escurrida
- 1/4 taza de cebolla picada
- 1/4 taza de pimiento rojo picado
- 1 huevo
- 1/2 taza de pan rallado
- Sal y pimienta al gusto

Preparación:

1. En un tazón grande, mezcla la carne molida, la soya, la cebolla, el pimiento, el huevo, el pan rallado, la sal y la pimienta.

1. Forma un rollo con la mezcla y colócalo en una bandeja para hornear.
2. Hornea a 180°C durante 45-60 minutos, o hasta que esté completamente cocido.
3. Sirve caliente.

47.- Guisado de Pollo

Ingredientes:

- 2 pechugas de pollo, cortadas en cubos
- 2 zanahorias, picadas
- 2 papas, picadas
- 1 calabacín, picado
- 1 cebolla, picada
- 2 dientes de ajo, picados
- 4 tazas de caldo de pollo
- 1 cucharadita de comino en polvo
- Sal y pimienta al gusto

Preparación:

1. En una olla grande, calienta un poco de aceite y sofríe la cebolla y el ajo hasta que estén tiernos.

1. Añade el pollo y cocina hasta que esté dorado.
2. Agrega las zanahorias, las papas, el calabacín y el caldo. Sazona con comino, sal y pimienta.
3. Cocina a fuego lento durante 30-40 minutos, o hasta que las verduras estén tiernas y el pollo esté completamente cocido.
4. Sirve caliente.

48.- Rollos de Jamón

Ingredientes:

- 8 rebanadas de jamón de pavo
- 4 cucharadas de queso crema light
- 1 zanahoria rallada
- 1 pepino, cortado en tiras finas
- Hojas de espinaca

Preparación:

1. Unta el queso crema sobre las rebanadas de jamón.

1. Coloca una capa de zanahoria rallada, tiras de pepino y hojas de espinaca sobre el queso crema.
2. Enrolla las rebanadas de jamón y corta en mitades.

49.- Pizza Saludable

Ingredientes:

- 1 base de pizza integral
- 1/2 taza de salsa de tomate sin azúcar
- 1 taza de queso mozzarella bajo en grasa
- 1 pimiento rojo, en rodajas
- 1 cebolla roja, en rodajas
- 1 taza de champiñones, en rodajas
- 1 taza de espinacas frescas
- Orégano al gusto

Preparación:

1. Precalienta el horno a 200°C.

1. Unta la salsa de tomate sobre la base de pizza.
2. Añade el queso mozzarella, el pimiento, la cebolla, los champiñones y las espinacas.
3. Espolvorea orégano por encima.
4. Hornea durante 15-20 minutos, o hasta que el queso esté derretido y dorado.

50.- Pollo en Salsa

Ingredientes:

- 2 pechugas de pollo, cortadas en tiras
- 1 cebolla, picada
- 2 dientes de ajo, picados
- 1 pimiento rojo, picado
- 1 taza de puré de tomate
- 1/2 taza de caldo de pollo
- 1 cucharadita de comino en polvo
- Sal y pimienta al gusto

Preparación:

1. En una sartén, calienta un poco de aceite y sofríe la cebolla y el ajo hasta que estén tiernos.

1. Añade el pollo y cocina hasta que esté dorado.
2. Agrega el pimiento, el puré de tomate, el caldo, el comino, la sal y la pimienta.
3. Cocina a fuego lento durante 20-25 minutos, o hasta que el pollo esté completamente cocido.

51.- Chiles Rellenos

Ingredientes:

- 4 chiles poblanos
- 1 taza de proteína de soya texturizada, rehidratada y escurrida
- 1 cebolla, picada
- 2 dientes de ajo, picados
- 1 zanahoria, rallada
- 1/2 taza de queso panela, rallado
- Sal y pimienta al gusto

Preparación:

1. Asa los chiles poblanos hasta que la piel esté negra y colócalos en una bolsa de plástico para sudar. Pela y desvena los chiles.

1. En una sartén, calienta un poco de aceite y sofríe la cebolla, el ajo y la zanahoria hasta que estén tiernos.
2. Añade la soya y cocina por unos minutos. Sazona con sal y pimienta.
3. Rellena los chiles con la mezcla de soya y espolvorea queso por encima.
4. Coloca los chiles en una bandeja para hornear y hornea a 180°C durante 15-20 minutos.

52.- Aguacates Rellenos de Soya con Atún

Ingredientes:

- 2 aguacates maduros
- 1 taza de proteína de soya texturizada, rehidratada y escurrida
- 1 lata de atún en agua, escurrida
- 1/4 taza de cebolla picada
- 1 tomate, picado
- Jugo de 1 limón
- Sal y pimienta al gusto

Preparación:

1. Mezcla la soya, el atún, la cebolla, el tomate, el jugo de limón, la sal y la pimienta en un tazón.

1. Corta los aguacates por la mitad y retira el hueso.
2. Rellena cada mitad de aguacate con la mezcla de soya y atún.

53.- Chilaquiles con Soya

Ingredientes:

- 4 tortillas de maíz, cortadas en triángulos
- 1 taza de salsa verde
- 1 taza de proteína de soya texturizada, rehidratada y escurrida
- 1/4 taza de cebolla picada
- 1/4 taza de queso fresco desmenuzado
- Crema light (opcional)

Preparación:

1. En una sartén, calienta un poco de aceite y fríe los triángulos de tortilla hasta que estén dorados. Escurre en papel absorbente.

1. En la misma sartén, calienta la salsa verde y añade la soya. Cocina por unos minutos.
2. Añade las tortillas fritas a la salsa y mezcla bien.
3. Sirve con cebolla picada, queso fresco y crema light si lo deseas.

54.- Calabacitas Rellenas y Lampreadas

Ingredientes:

- 4 calabacitas medianas
- 1 taza de proteína de soya texturizada, rehidratada y escurrida
- 1/4 taza de cebolla picada
- 1 tomate, picado
- 1/2 taza de queso panela, rallado
- 2 huevos
- Harina para empanizar
- Sal y pimienta al gusto

Preparación:

1. Corta las calabacitas por la mitad y retira la pulpa.

1. En una sartén, calienta un poco de aceite y sofríe la cebolla, el tomate y la soya. Sazona con sal y pimienta.
2. Rellena las calabacitas con la mezcla de soya y espolvorea queso por encima.
3. Pasa cada calabacita rellena por harina y luego por huevo batido.
4. Fríe en aceite caliente hasta que estén doradas.

55.- Rollitos de Col Rellenos de Soya y Atún

Ingredientes:

- 8 hojas de col
- 1 taza de proteína de soya texturizada, rehidratada y escurrida
- 1 lata de atún en agua, escurrida
- 1/4 taza de cebolla picada
- 1 zanahoria rallada
- 1/4 taza de tomate picado
- Sal y pimienta al gusto

Preparación:

1. Blanquea las hojas de col en agua hirviendo durante 2-3 minutos y escúrrelas.

1. En un tazón, mezcla la soya, el atún, la cebolla, la zanahoria, el tomate, la sal y la pimienta.
2. Coloca una porción de la mezcla en cada hoja de col y enrolla, asegurando los extremos.
3. Coloca los rollitos en una vaporera y cocina al vapor durante 20 minutos.

56.- Tortas de Garbanzo

Ingredientes:

- 2 tazas de garbanzos cocidos y triturados
- 1/4 taza de cebolla picada
- 1 zanahoria rallada
- 1/4 taza de perejil picado
- 2 huevos
- 1/2 taza de pan rallado
- Sal y pimienta al gusto

Preparación:

1. En un tazón, mezcla los garbanzos, la cebolla, la zanahoria, el perejil, los huevos, el pan rallado, la sal y la pimienta.

1. Forma tortitas con la mezcla.
2. En una sartén, calienta un poco de aceite y fríe las tortitas hasta que estén doradas por ambos lados.

57.- Machacado de Soya

Ingredientes:

- 1 taza de proteína de soya texturizada, rehidratada y escurrida
- 1/4 taza de cebolla picada
- 2 dientes de ajo, picados
- 1 tomate, picado
- 1 pimiento verde, picado
- 1 cucharadita de comino en polvo
- Sal y pimienta al gusto

Preparación:

1. En una sartén, calienta un poco de aceite y sofríe la cebolla y el ajo hasta que estén tiernos.

1. Añade el tomate, el pimiento, la soya, el comino, la sal y la pimienta. Cocina por unos minutos hasta que todo esté bien mezclado y caliente.

58.- Tortas de Soya con Arroz

Ingredientes:

- 1 taza de proteína de soya texturizada, rehidratada y escurrida
- 1 taza de arroz integral cocido
- 1/4 taza de cebolla picada
- 1 zanahoria rallada
- 1 huevo
- 1/2 taza de pan rallado
- Sal y pimienta al gusto

Preparación:

1. En un tazón, mezcla la soya, el arroz, la cebolla, la zanahoria, el huevo, el pan rallado, la sal y la pimienta.

1. Forma tortitas con la mezcla.
2. En una sartén, calienta un poco de aceite y fríe las tortitas hasta que estén doradas por ambos lados.

59.- Tostadas

Ingredientes:

- 8 tostadas de maíz horneadas
- 1 taza de frijoles negros refritos
- 1 taza de lechuga picada
- 1 tomate, picado
- 1/4 taza de cebolla picada
- 1/2 taza de queso fresco desmenuzado
- Salsa al gusto

Preparación:

1. Unta una capa de frijoles refritos sobre cada tostada.

1. Añade lechuga, tomate, cebolla y queso fresco.
2. Sirve con salsa al gusto.

60.- Sopes de Carne y Soya

Ingredientes:

- 8 sopes de maíz
- 1 taza de proteína de soya texturizada, rehidratada y escurrida
- 200 g de carne molida
- 1/4 taza de cebolla picada
- 1 tomate, picado
- 1/4 taza de queso fresco desmenuzado
- Lechuga picada
- Crema light (opcional)
- Salsa al gusto

Preparación:

1. En una sartén, cocina la carne molida hasta que esté dorada.

1. Añade la soya, la cebolla y el tomate. Cocina por unos minutos más y sazona con sal y pimienta.
2. Calienta los sopes en una sartén.
3. Rellena cada sope con la mezcla de carne y soya.
4. Añade lechuga, queso fresco y crema light si lo deseas.
5. Sirve con salsa al gusto.

61.- Rollos de Acelgas con Soya

Ingredientes:

- 8 hojas de acelga
- 1 taza de proteína de soya texturizada, rehidratada y escurrida
- 1/4 taza de cebolla picada
- 1 zanahoria rallada
- 1/4 taza de tomate picado
- Sal y pimienta al gusto

Preparación:

1. Blanquea las hojas de acelga en agua hirviendo durante 2-3 minutos y escúrrelas.

1. En un tazón, mezcla la soya, la cebolla, la zanahoria, el tomate, la sal y la pimienta.
2. Coloca una porción de la mezcla en cada hoja de acelga y enrolla, asegurando los extremos.
3. Coloca los rollitos en una vaporera y cocina al vapor durante 20 minutos.

62. -Yogur con Frutas y Granola

Ingredientes:

- 1 taza de yogur griego natural sin azúcar
- 1/2 taza de frutas frescas (fresas, arándanos, kiwi, etc.)
- 1/4 taza de granola sin azúcar
- 1 cucharadita de miel (opcional)

Preparación:

1. En un tazón, coloca el yogur.

1. Añade las frutas frescas y la granola por encima.
2. Rocía con miel si lo deseas.
3. Sirve inmediatamente.

63.- Bolitas Energéticas de Avena y Dátiles

Ingredientes:

- 1 taza de avena
- 1 taza de dátiles sin hueso
- 1/2 taza de mantequilla de almendra
- 1/4 taza de semillas de chía
- 1/4 taza de cacao en polvo sin azúcar

Preparación:

1. En un procesador de alimentos, mezcla todos los ingredientes hasta obtener una masa.

1. Forma bolitas con la masa y colócalas en una bandeja.
2. Refrigera durante al menos 30 minutos antes de servir.

64.- Paletas de Frutas

Ingredientes:

- 2 tazas de frutas frescas (mango, fresas, kiwi, etc.)
- 1 taza de jugo de naranja natural

Preparación:

1. Coloca las frutas en moldes para paletas.

1. Vierte el jugo de naranja sobre las frutas.
2. Inserta los palitos y congela durante al menos 4 horas.

65.- Mousse de Aguacate y Cacao

Ingredientes:

- 2 aguacates maduros
- 1/4 taza de cacao en polvo sin azúcar
- 1/4 taza de miel o jarabe de agave
- 1 cucharadita de extracto de vainilla

Preparación:

1. En un procesador de alimentos, mezcla todos los ingredientes hasta obtener una textura suave.

1. Sirve en vasos y refrigera durante al menos 1 hora antes de servir.

66.- Pudín de Chía

Ingredientes:

- 1/4 taza de semillas de chía
- 1 taza de leche de almendra
- 1 cucharadita de extracto de vainilla
- Frutas frescas para decorar

Preparación:

1. En un tazón, mezcla las semillas de chía, la leche de almendra y el extracto de vainilla.

1. Refrigera durante al menos 4 horas o toda la noche.
2. Sirve con frutas frescas por encima.

67.- Manzanas al Horno con Canela

Ingredientes:

- 4 manzanas
- 1 cucharadita de canela
- 1/4 taza de nueces picadas
- 1 cucharadita de miel (opcional)

Preparación:

1. Precalienta el horno a 180°C.

1. Retira el corazón de las manzanas y colócalas en una bandeja para hornear.
2. Espolvorea con canela y nueces.
3. Rocía con miel si lo deseas.
4. Hornea durante 20-25 minutos.

68.- Gelatina de Frutas Light

Ingredientes:

- 1 paquete de gelatina sin azúcar
- 2 tazas de agua
- 1 taza de frutas frescas picadas (fresas, mango, etc.)

Preparación:

1. Disuelve la gelatina en el agua caliente según las instrucciones del paquete.

1. Añade las frutas picadas.
2. Vierte en moldes y refrigera hasta que cuaje.

69.- Smoothie Bowl

Ingredientes:

- 1 plátano congelado
- 1/2 taza de frutas congeladas (fresas, arándanos, etc.)
- 1/2 taza de leche de almendra
- Granola y frutas frescas para decorar

Preparación:

1. En una licuadora, mezcla el plátano, las frutas congeladas y la leche de almendra hasta obtener una textura suave.

1. Vierte en un tazón y decora con granola y frutas frescas.

70.- Tarta de Frutas

Ingredientes:

- 1 base de tarta integral
- 1 taza de yogur griego natural sin azúcar
- 2 cucharadas de miel
- Frutas frescas para decorar

Preparación:

1. Mezcla el yogur con la miel.

1. Vierte sobre la base de tarta.
2. Decora con frutas frescas.
3. Refrigera durante al menos 1 hora antes de servir.

71.- Plátanos con Chocolate

Ingredientes:

- 2 plátanos
- 1/2 taza de chocolate negro sin azúcar
- Nueces picadas (opcional)

Preparación:

1. Corta los plátanos en rodajas.

1. Derrite el chocolate negro.
2. Sumerge las rodajas de plátano en el chocolate.
3. Coloca las rodajas en una bandeja y espolvorea con nueces si lo deseas.
4. Refrigera hasta que el chocolate se endurezca.

72.- Panqueques de Avena y Plátano

Ingredientes:

- 1 taza de avena
- 1 plátano maduro
- 2 huevos
- 1/2 taza de leche de almendra
- 1 cucharadita de polvo para hornear
- 1 cucharadita de canela

Preparación:

1. En una licuadora, mezcla todos los ingredientes hasta obtener una masa homogénea.

1. Calienta una sartén antiadherente y vierte pequeñas porciones de la masa.
2. Cocina los panqueques por ambos lados hasta que estén dorados.

73.- Galletas de Avena y Manzana

Ingredientes:

- 1 taza de avena
- 1 manzana rallada
- 1/2 taza de puré de manzana sin azúcar
- 1 cucharadita de canela
- 1 cucharadita de extracto de vainilla

Preparación:

1. Precalienta el horno a 180°C.

1. En un tazón, mezcla todos los ingredientes.
2. Forma bolitas con la masa y colócalas en una bandeja para hornear.
3. Hornea durante 15-20 minutos o hasta que las galletas estén doradas.

74.- Smoothie de Avena y Frutas

Ingredientes:

- 1/2 taza de avena
- 1 plátano
- 1/2 taza de fresas
- 1 taza de leche de almendra
- 1 cucharadita de miel (opcional)

Preparación:

1. En una licuadora, mezcla todos los ingredientes hasta obtener una textura suave.

1. Sirve inmediatamente.

75.- Bolitas Energéticas de Avena y Coco

Ingredientes:

- 1 taza de avena
- 1/2 taza de coco rallado
- 1/2 taza de mantequilla de almendra
- 1/4 taza de miel
- 1 cucharadita de extracto de vainilla

Preparación:

1. En un tazón, mezcla todos los ingredientes hasta obtener una masa.

1. Forma bolitas con la masa y colócalas en una bandeja.
2. Refrigera durante al menos 30 minutos antes de servir.

76.- Avena Nocturna con Chía y Frutas

Ingredientes:

- 1/2 taza de avena
- 1 taza de leche de almendra
- 1 cucharada de semillas de chía
- 1/2 taza de frutas frescas (fresas, arándanos, etc.)
- 1 cucharadita de miel (opcional)

Preparación:

1. En un tazón, mezcla la avena, la leche de almendra y las semillas de chía.

1. Refrigera durante toda la noche.
2. Por la mañana, añade las frutas frescas y la miel antes de servir.

77.- Muffins de Avena y Zanahoria

Ingredientes:

- 1 taza de avena
- 1 taza de harina integral
- 1 taza de zanahoria rallada
- 1/2 taza de miel
- 2 huevos
- 1/2 taza de yogur griego natural
- 1 cucharadita de polvo para hornear
- 1 cucharadita de canela

Preparación:

1. Precalienta el horno a 180°C.

1. En un tazón, mezcla todos los ingredientes hasta obtener una masa homogénea.
2. Vierte la masa en moldes para muffins.
3. Hornea durante 20-25 minutos o hasta que los muffins estén dorados.

78.- Avena Salada con Espinacas y Huevo

Ingredientes:

- 1/2 taza de avena
- 1 taza de caldo de verduras
- 1 taza de espinacas frescas
- 1 huevo
- Sal y pimienta al gusto

Preparación:

1. Cocina la avena en el caldo de verduras hasta que esté suave.

1. Añade las espinacas y cocina hasta que estén tiernas.
2. En una sartén, cocina el huevo al gusto.
3. Sirve la avena salada con el huevo por encima.

79.- Barritas de Avena y Frutos Secos

Ingredientes:

- 1 taza de avena
- 1/2 taza de almendras picadas
- 1/2 taza de nueces picadas
- 1/2 taza de miel
- 1/4 taza de mantequilla de almendra
- 1 cucharadita de extracto de vainilla

Preparación:

1. Precalienta el horno a 180°C.

1. En un tazón, mezcla todos los ingredientes hasta obtener una masa.
2. Presiona la masa en una bandeja para hornear.
3. Hornea durante 20-25 minutos o hasta que las barritas estén doradas.
4. Deja enfriar antes de cortar en barritas.

80.- Tortitas de Avena y Zanahoria

Ingredientes:

- 1 taza de avena
- 1 taza de zanahoria rallada
- 2 huevos
- 1/4 taza de cebolla picada
- Sal y pimienta al gusto

Preparación:

1. En un tazón, mezcla todos los ingredientes hasta obtener una masa.

1. Forma tortitas con la masa.
2. En una sartén, calienta un poco de aceite y cocina las tortitas hasta que estén doradas por ambos lados.

81.- Parfait de Avena y Yogur

Ingredientes:

- 1/2 taza de avena
- 1 taza de yogur griego natural sin azúcar
- 1/2 taza de frutas frescas (fresas, arándanos, etc.)
- 1 cucharadita de miel (opcional)

Preparación:

1. En un vaso o tazón, coloca una capa de avena.

1. Añade una capa de yogur y una capa de frutas.
2. Repite las capas hasta llenar el vaso o tazón.
3. Rocía con miel si lo deseas.
4. Sirve inmediatamente.

82.- Ensalada de Quinoa y Vegetales

Ingredientes:

- 1 taza de quinoa cocida
- 1/2 taza de pepino picado
- 1/2 taza de pimiento rojo picado
- 1/4 taza de cebolla morada picada
- 1/4 taza de perejil picado
- Jugo de 1 limón
- 2 cucharadas de aceite de oliva
- Sal y pimienta al gusto

Preparación:

1. Mezcla todos los ingredientes en un tazón grande.

1. Refrigera por al menos 30 minutos antes de servir.

83.- Tacos de Lechuga con Pollo

Ingredientes:

- 8 hojas grandes de lechuga
- 2 pechugas de pollo cocidas y desmenuzadas
- 1/2 taza de tomate picado
- 1/4 taza de cebolla picada
- 1/4 taza de cilantro picado
- Jugo de 1 limón
- Sal y pimienta al gusto

Preparación:

1. Mezcla el pollo con el tomate, cebolla, cilantro, jugo de limón, sal y pimienta.

1. Sirve la mezcla de pollo en las hojas de lechuga.

84.- Sopa de Tomate y Albahaca

Ingredientes:

- 4 tomates grandes
- 1/2 cebolla
- 2 dientes de ajo
- 4 tazas de caldo de verduras
- 1/4 taza de hojas de albahaca frescas
- Sal y pimienta al gusto

Preparación:

1. Asa los tomates, la cebolla y el ajo hasta que estén dorados.

1. Licúa los ingredientes asados con el caldo de verduras y las hojas de albahaca.
2. Calienta la mezcla en una olla, sazona con sal y pimienta, y sirve.

85.- Ensalada de Espinacas y Fresas

Ingredientes:

- 4 tazas de espinacas frescas
- 1 taza de fresas en rodajas
- 1/4 taza de almendras fileteadas
- 1/4 taza de queso feta desmenuzado
- 2 cucharadas de vinagre balsámico
- 1 cucharada de aceite de oliva
- Sal y pimienta al gusto

Preparación:

1. Mezcla las espinacas, fresas, almendras y queso feta en un tazón grande.

1. Aliña con vinagre balsámico, aceite de oliva, sal y pimienta.

86.- Pechuga de Pollo al Limón

Ingredientes:

- 2 pechugas de pollo
- Jugo de 2 limones
- 2 dientes de ajo picados
- 1 cucharadita de orégano
- Sal y pimienta al gusto

Preparación:

1. Marina las pechugas de pollo con el jugo de limón, ajo, orégano, sal y pimienta durante 30 minutos.

1. Cocina el pollo a la parrilla o en una sartén hasta que esté bien cocido.

87.- Berenjenas Rellenas de Vegetales

Ingredientes:

- 2 berenjenas
- 1/2 taza de calabacín picado
- 1/2 taza de pimiento rojo picado
- 1/2 taza de champiñones picados
- 1/4 taza de cebolla picada
- 1/4 taza de queso parmesano rallado
- Sal y pimienta al gusto

Preparación:

1. Corta las berenjenas por la mitad y saca la pulpa.

1. Saltea la pulpa de berenjena con el calabacín, pimiento, champiñones y cebolla.
2. Rellena las berenjenas con la mezcla de vegetales y espolvorea con queso parmesano.
3. Hornea a 180°C durante 25-30 minutos.

88.- Pimientos Rellenos de Quinoa

Ingredientes:

- 4 pimientos rojos
- 1 taza de quinoa cocida
- 1/2 taza de frijoles negros cocidos
- 1/2 taza de maíz
- 1/4 taza de cebolla picada
- 1/4 taza de cilantro picado
- 1 cucharadita de comino
- Sal y pimienta al gusto

Preparación:

1. Corta la parte superior de los pimientos y saca las semillas.
1. Mezcla la quinoa con los frijoles, maíz, cebolla, cilantro, comino, sal y pimienta.
2. Rellena los pimientos con la mezcla de quinoa.
3. Hornea a 180°C durante 25-30 minutos.

89.- Caldo de Pollo con Vegetales

Ingredientes:

- 2 pechugas de pollo
- 4 tazas de caldo de pollo
- 1 zanahoria picada
- 1 calabacín picado
- 1/2 taza de chícharos
- 1/2 taza de espinacas frescas
- Sal y pimienta al gusto

Preparación:

1. Cocina las pechugas de pollo en el caldo de pollo hasta que estén bien cocidas.

1. Retira el pollo, desmenúzalo y vuelve a ponerlo en el caldo.
2. Añade las zanahorias, calabacín, chícharos y cocina hasta que los vegetales estén tiernos.
3. Añade las espinacas y cocina por 2 minutos más.

90.- Salmón a la Parrilla con Espárragos

Ingredientes:

- 2 filetes de salmón
- Jugo de 1 limón
- 1 cucharadita de ajo en polvo
- 1 cucharadita de eneldo seco
- 1 manojo de espárragos
- Sal y pimienta al gusto

Preparación:

1. Marina el salmón con jugo de limón, ajo en polvo, eneldo, sal y pimienta.

1. Cocina el salmón a la parrilla hasta que esté bien cocido.
2. Asa los espárragos hasta que estén tiernos y sirve con el salmón.

91.- Ensalada de Garbanzos y Pepino

Ingredientes:

- 1 taza de garbanzos cocidos
- 1 pepino picado
- 1/2 taza de tomate picado
- 1/4 taza de cebolla morada picada
- Jugo de 1 limón
- 2 cucharadas de aceite de oliva
- Sal y pimienta al gusto

Preparación:

1. Mezcla todos los ingredientes en un tazón grande.

1. Refrigera por al menos 30 minutos antes de servir.

92.- Tortilla de Espinacas y Champiñones

Ingredientes:

- 4 huevos
- 1 taza de espinacas frescas
- 1/2 taza de champiñones picados
- 1/4 taza de cebolla picada
- Sal y pimienta al gusto

Preparación:

1. Bate los huevos en un tazón.

1. En una sartén, saltea las espinacas, champiñones y cebolla hasta que estén tiernos.
2. Añade los huevos batidos y cocina hasta que la tortilla esté bien cocida.

93.- Ensalada de Pollo y Aguacate

Ingredientes:

- 2 pechugas de pollo cocidas y desmenuzadas
- 1 aguacate picado
- 1/2 taza de tomate picado
- 1/4 taza de cebolla picada
- Jugo de 1 limón
- 2 cucharadas de aceite de oliva
- Sal y pimienta al gusto

Preparación:

1. Mezcla todos los ingredientes en un tazón grande.

1. Sirve inmediatamente.

94.- Calabacitas a la Mexicana

Ingredientes:

- 2 calabacitas picadas
- 1 tomate picado
- 1/4 taza de cebolla picada
- 1 diente de ajo picado
- 1/4 taza de queso fresco desmenuzado
- Sal y pimienta al gusto

Preparación:

1. En una sartén, saltea la cebolla y el ajo hasta que estén dorados.

1. Añade las calabacitas y el tomate, y cocina hasta que estén tiernos.
2. Sazona con sal y pimienta, y espolvorea con queso fresco antes de servir.

95.- Pechuga de Pollo con Salsa de Yogur

Ingredientes:

- 2 pechugas de pollo
- 1 taza de yogur griego natural sin azúcar
- 1 diente de ajo picado
- 1 cucharadita de eneldo seco
- Jugo de 1 limón
- Sal y pimienta al gusto

Preparación:

1. Cocina las pechugas de pollo a la parrilla o en una sartén.

1. Mezcla el yogur, ajo, eneldo, jugo de limón, sal y pimienta.
2. Sirve el pollo con la salsa de yogur por encima.

96.- Brochetas de Pollo y Vegetales

Ingredientes:

- 2 pechugas de pollo cortadas en cubos
- 1 pimiento rojo cortado en cubos
- 1 calabacín cortado en rodajas
- 1/2 cebolla morada cortada en cubos
- Jugo de 1 limón
- 2 cucharadas de aceite de oliva
- Sal y pimienta al gusto

Preparación:

1. Marina el pollo con jugo de limón, aceite de oliva, sal y pimienta.

1. Ensarta el pollo y los vegetales en brochetas.
2. Cocina las brochetas a la parrilla hasta que el pollo esté bien cocido.

97.- Ensalada de Atún y Garbanzos

Ingredientes:

- 1 lata de atún en agua, escurrido
- 1 taza de garbanzos cocidos
- 1/2 taza de pepino picado
- 1/4 taza de cebolla morada picada
- Jugo de 1 limón
- 2 cucharadas de aceite de oliva
- Sal y pimienta al gusto

Preparación:

1. Mezcla todos los ingredientes en un tazón grande.

1. Refrigera por al menos 30 minutos antes de servir.

98.- Filete de Pescado al Horno con Hierbas

Ingredientes:

- 2 filetes de pescado (merluza, tilapia, etc.)
- Jugo de 1 limón
- 1 cucharadita de ajo en polvo
- 1 cucharadita de tomillo seco
- 1 cucharadita de romero seco
- Sal y pimienta al gusto

Preparación:

1. Marina los filetes de pescado con jugo de limón, ajo en polvo, tomillo, romero, sal y pimienta.

1. Hornea a 180°C durante 15-20 minutos o hasta que el pescado esté bien cocido.

99.- Ensalada de Pepino y Yogur

Ingredientes:

- 2 pepinos grandes, pelados y en rodajas
- 1 taza de yogur griego natural sin azúcar
- 1 diente de ajo picado
- 1 cucharadita de eneldo seco
- Jugo de 1 limón
- Sal y pimienta al gusto

Preparación:

1. Mezcla todos los ingredientes en un tazón grande.

1. Refrigera por al menos 30 minutos antes de servir.

100.- Fajitas de Res con Pimientos

Ingredientes:

- 250 g de carne de res en tiras
- 1 pimiento rojo en tiras
- 1 pimiento verde en tiras
- 1/2 cebolla en tiras
- 1 cucharadita de comino
- 1 cucharadita de pimentón
- Jugo de 1 limón
- 2 cucharadas de aceite de oliva
- Sal y pimienta al gusto

Preparación:

1. Marina la carne con jugo de limón, comino, pimentón, sal y pimienta.

1. En una sartén, saltea la carne hasta que esté bien cocida.
2. Añade los pimientos y la cebolla, y cocina hasta que estén tiernos.